卿卿我母

獻給人子者52則孝母語錄

褚宗堯 博士 著

卿卿我母
我與您母慈子孝的故事
也是　所有人子的故事

我予您的52則孝母語錄
也是　所有人子的心聲

卿卿我母
兒思您　舐犢情濃難忘
兒念您　浩瀚母恩難報

藉此語錄　呼籲為人子者
行孝　要及時　更要即時

知母念恩
念報恩

趙宗克

我的畫藝雖平凡，但，就想親筆為母親素描一張畫像，藉此緬懷她老人家令我永生難忘的慈顏善目

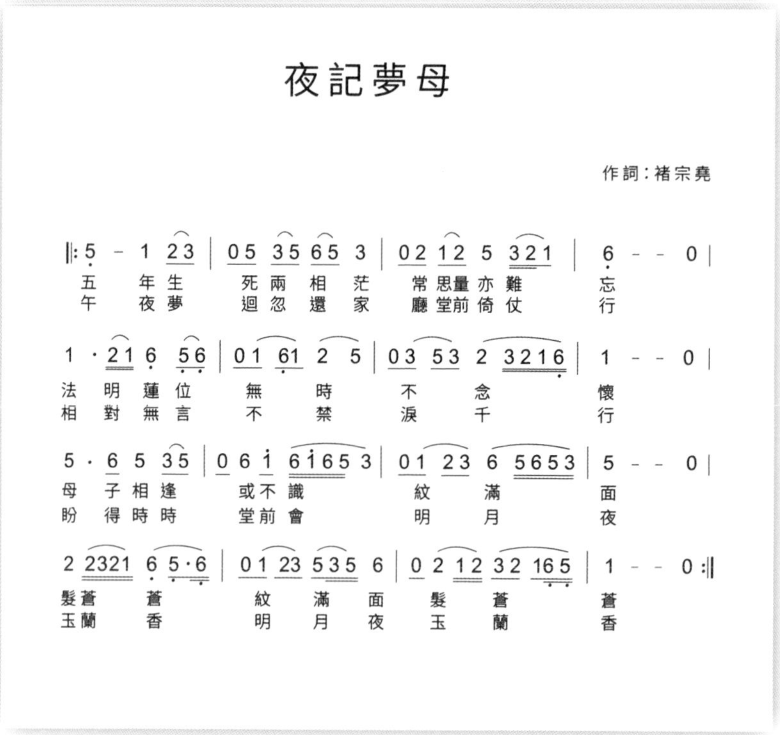
夜記夢母
作詞:褚宗堯
五 年生 死兩相茫 常思量亦難 忘
午 夜夢 迴忽還家 廳堂前倚仗 行
法 明蓮位 無 時 不 念 懷
相 對無言 不 禁 淚 千 行
母 子相逢 或不識 紋 滿 面
盼 得時時 堂前會 明 月 夜
髮蒼 蒼 紋 滿 面 髮 蒼 蒼
玉蘭 香 明 月 夜 玉 蘭 香

二〇二〇年十月一日，正值中秋節，當晚我夢見了母親回家。
驀然醒來，一時間，我百感交集。
於是，模仿蘇軾《夜記夢》，深情地寫下了《夜記夢母》這首詞。
三年後的中秋節，思母之情益增，突發一念，
借用母親生前很喜歡哼唱的老歌《重相逢》的曲譜，
填進了我的《夜記夢母》這首詞，並經常以鋼琴自彈自唱來思念母親。

自序：卿卿我母
——獻給人子者52則孝母語錄

我敬愛的母親在高壽百歲安詳辭世，至今匆匆已過八載。

這八年來，我日夜思念母親，同時也經常思考著，如何將自己的這份思念深情，予以昇華，轉化為影響人心的力量，對社會略盡綿薄奉獻。因此，我除了專心致志於孝道的推廣，還以母親的事蹟為題材，前後為她寫了九本「孝母專書」：

《話我九五老母——花甲么兒永遠的母親》、《母親，慢慢來，我會等您》、《母親，請您慢慢老》、《慈母心・赤子情——念我百歲慈母》、《詩念母親——永不止息》、《一個人陪老母旅行——母與子的難忘之旅》、《母與子心靈小語》、《再老，還是母親的小小孩》、《詩書畫我母從前》。

說實話，這世上能主動提筆為自己母親寫一篇文章的人，本就不多；進而為之寫一本書的，那就更少了；遑論能為母親一連寫下十本書的人，想必更為稀罕。而我何其有幸，卻是其中一人。

夙興夜寐，甚願毋忝爾所生！卿卿我母，眼前這本書，52則孝母語錄，正是我為您寫下的第十本書了。

我回顧自己這一生，實無啥特殊成就。而若說有什麼值得提起的，也許，用心為母親而寫的這十本書，就算是我最感榮幸的事蹟了。

細覽我的前九本「孝母專書」，體裁形式包括：散文、詩歌、小說、插畫、繪本，以及書畫等不同體例與風格。坦白說，這些書的內容架構或主題宗旨，事先我並沒有刻意去規劃，實際上全都是在不同情境與因緣下，有著一股難以解釋的驅力，引導著我去進行的。

事後回想，那一股驅力，應該就是我為了報效母恩，發心努力推廣孝道的無量願力吧。倘非如此，區區凡人如我，何德何能，有此心力去為母親一連寫下十本書？我相信，這一切都是因緣！

歲月匆匆，母親辭世已過八載！夜闌人靜，常憶往事。如前所述，我以母親事蹟為題材，前後總共為她寫下了十本「孝母專書」（包括母親辭世前，所發行的的三本）。

十本書？此一成績，於非文學科班出身的我來說，簡直如攀高峰、如登雲頂，幾乎不敢想像！但，坦白說，或許在完成《卿卿我母——獻給人子者52則孝母語錄》這本書後，是我可以暫時休息的時候了。原因有如下兩點：

其一，先前所出版的九本「孝母專書」，從《母慈子孝 001》至《母慈子孝 009》，這些書中，我描述了許多和母親之間非常親近溫馨的互動時光，在在可見，我真的非常珍惜與母親相處的分分秒秒。作家冰心有詩云：「群山不願送走夕陽，多情的水手不願遠航。」這是她對其親愛母親的〈遊子吟〉，我卻努力把握當下，時時刻刻懷著孺慕之情，對母親「有心」、「用心」，與「盡心」。同時，我也把如何對母親「有心」、「用心」，與「盡心」的敬養言行，如實地記載下來，並出書與世人分享。

而為了方便讀者們閱讀，以及幫助那些有心勵行孝道的人子們，參酌多年來我對孝道所秉持的觀念與實際做法，在《卿卿我母——獻給人子者52則孝母語錄》這本書中，我特別整理出五十二則，以人子的立場對母親所傾訴的一些孝母語錄。

當然，孝順絕對不會僅止於五十二則而已，它們只是我個人認為較為重要的，奉養之道的若干方法。我想，一年大約有五十二週，因此，有心的人子們，可以每週藉著一個主題來要求自己，並積極付諸實踐。相信，一年下來，一定會有很大的成果。

第二個原因是，在完成這十本書之後，我似乎感到自己已經有些江郎才盡，一時尚未想到還有什麼題材，可以讓我繼續發揮。因此，在完成第十本書後，或許可以暫時劃下休止符。當然，休止符是為了休息而不是為了結束，將來，是否仍會有新書出版？我想，一切就隨順因緣吧！

本書有幾點值得一提的是，我以母親生前親繪的「母親背著嬰兒」的畫作，作為封面主要素材，書名則由我親筆書寫。同時，也將她其它的一些畫作，在書中適當的地方作為插畫點綴。又，在前一本書（《詩書畫我母從前》）中，我為母親素描的一張肖像畫，也在本書中珍藏，藉此緬懷她老人家令我永生難忘的慈顏善目。

此外，我特地將之前仿效蘇東坡，為母親所作的〈夜記夢母〉一詩，譜上〈重相逢〉的曲調，也收納於本書中。偶爾哼唱此感人詞曲，並搭配鋼琴伴奏，往往一股思母情懷迅即油然升起。歌聲每到情多處，如怨如慕，如泣如訴，彷彿展開雙翼搭載著我飛越，久久迴旋、徜徉於記憶甬道間。

非常感謝佛菩薩與母親的加持，能在如此殊勝的因緣下，藉著我為母親而寫的第十本「孝母專書」《卿卿我母——獻給人子者52則孝母語錄》（序號：母慈子孝010），與讀者們再次見面。

本書的內容體例，以孝道為中心主軸，並植基於「人子者孝母之三個切要次第」（如圖一）。首先，以「孝母四事」（如圖二）為起點；其次，延伸出「行孝十二要」（如圖三）；最後，發展為「善孝五十二則」（如表一）。不僅著重理則的依循，更貴在能夠付諸實際行動。

亦即，「孝母四事」、「行孝十二要」與「善孝五十二則」等「孝母之三個切要次第」，構成了本書內容的主要架構（如表一）。至於，這三者間的相互關係，以及涵蓋的內容重點，則分別略述如後。

全書依「孝母四事」分為四大篇：篇一「有母有你報恩天職」、篇二「孝養孝敬孝順孝恭」、篇三「人子有心用心盡心」，以及篇四「行孝當及時且即時」。

綜觀此四篇，旨在強調作為人子者，如果真想要行孝，在心理上必須先奠立四個重要的觀念，我稱之為「人子者孝母之四事」。然後，再分別依「行孝十二要」與「善孝五十二則」陸續展開如下：

篇一「有母有我報恩天職」，包括：「有母方有我」（第1至第5則）、「母恩深似海」（第6至第10則）、「報恩乃天職」（第11至第14則）。

篇二「孝養孝敬孝順孝恭」，包括：「孝養母之身」（第15至第19則）、「孝敬母之心」（第20至第23則）、「孝順母之意」（第24至第28則）、「孝恭母之靈」（第29至第32則）。

篇三「人子有心用心盡心」，包括：「人子需有心」（第33至第36則）、「人子宜用心」（第37至第40則）、「人子且盡心」（第41至第44則）。

篇四「行孝當及時且即時」，包括：「行孝當及時」（第45至第48則）、「行孝且即時」（第49至第52則）。

文中的每一則語錄，我皆用「卿卿我母」作為開場白。主要是，我想以自己與母親直接對話的方式，藉此表達我和母親之間的親近、親密。相信如此，可以增加每位讀者在情境上的臨場感，當讀誦這些語錄時，就好像自已在和母親對話似的。

再者，我以手札兼散文詩的方式來展現這些語錄，主要目的是，希望有助於本書的可讀性及易讀性。

值得一提的是，這「善孝五十二則」語錄，分屬於「行孝十二要」，並歸屬於「孝母四事」。就如同一年有四個季節，有十二個月份，有五十二個星期。依此，便可將行孝的大事，細化、分段、逐步落實到每個星期來執行。

亦即，每個星期有一項「善孝要則」，每個月份有一項「行孝要點」，每一個季節有一項「孝母要事」。易言之，人子者如果能夠確實依此，有心、用心、盡心地去實踐，相信一年下來，定會有很不錯的成果，則為天下所有母親之福！

綜觀我這一系列十本「孝母專書」，每本書的宗旨，不外乎想傳達一個事實：我一直以生為慈母的么兒為榮，也非常珍惜這一世殊勝難得的母子善緣，不僅有心、用心，並盡心地去把握，那些與母親在世時共處的寶貴時光。

尤其，即使母親已辭世多年，我總是日日睹物思人，未曾稍歇地緬懷著她老人家。想念她老人家的慈祥容顏，以及她對我的舐犢濃情。因為，母親始終是我終生無時不眷戀的身影。

幾乎在每本書的序言中，我都會特別強調，我只是一介平凡百姓，既不是大官、富豪，也不是貴冑、名流，前後寫了十本「孝母專書」，本不為名也不為利，就奔一個目的：只想將這些作品留傳給我的子孫，以及有緣的讀者們。

當然，除了不揣淺陋，分享我多年來在孝順母親方面，具體的做法與心得外，更企盼大家能夠共襄盛舉，一起為弘揚孝道多盡心力！

這本《卿卿我母——獻給人子者52則孝母語錄》之能夠順利出版，我特別要感謝褚林貴教育基金會朱淑芬董事，在基金會行政事務上的協助；以及榮譽董事楊東瑾顧問與林若昕小姐、李盈蓁小姐，他們對基金會官網、facebook與instagram的熱心推展與奉獻。

最後，還要感謝褚惠玲顧問、好友蔣德明先生，以及其他諸多善心人士，他們對基金會多年來的護持與慷慨捐贈，讓基金會無論是在業務的推廣，或是在孝母專書的出版事宜上，盡皆順利亨通。

如同之前每本孝母專書的序言慣例與心願，我再次摯誠地將這本書，呈獻給我一生的導師以及永遠的慈母——褚林貴女士（母親雖於百歲嵩壽辭世，但，她的法身始終與我同在、與我同行）。

《卿卿我母——獻給人子者52則孝母語錄》除了恭敬地作為母親一百零八歲誕辰的獻禮外，更要再次感謝她老人家對我一輩子，無怨無悔以及無垠無邊的照護與教誨——生我、鞠我、長我、育我、顧我、渡我……。在此，藉本書出版的機會，么子宗堯衷心地祝禱親愛的慈母：

「媽，願您在西方極樂世界精進增上，圓成善果！」

民國一一三年（西元二〇二四年）二月二十七日（農曆正月十八日）

（母親一百零八歲誕辰紀念日）

褚宗堯　於風城新竹

附記：

《卿卿我母——獻給人子者52則孝母語錄》在寫作與彙編過程中，雖然辛苦，但，我收穫滿滿。

因為，在編撰期間，我對母親永不止息的思念，彷彿一把金鑰，讓我得以隨時開啟記憶寶庫，一一檢視自己曾經擁有的幸福。思念又像翅膀，讓我得以一次次乘之穿越，回到記憶甬道那頭，重溫過去歲月裡，母子二人相處的美好時刻。真的，能得如此豐富收穫，我的內心除了感動，更是感恩。

此刻，我推開桌上書稿，默然坐下。乍見窗外一片黃葉，無聲地從高處飄落，彷彿提醒人們想起季節來……。啊！細思量，老母辭世竟已匆匆過去八年！但，詩人說：「記憶收藏著光陰，而思念收藏著記憶。」我，則將母親收藏在思念裡。所以，於我而言，她老人家始終在我身旁，不曾遠離……

千言萬語，我只想再度呼籲天下為人子女者——

行孝，要「及時」，更要「即時」！

孝母四事
行孝十二要
善孝五十二則

圖一　人子者孝母之三個切要次第

有母有我
報恩天職
行孝當
及時且即時
人子者
孝母之四事
孝養孝敬
孝順孝恭
人子有心
用心盡心

圖二　人子者孝母之四事

1.有母方有我	2.母恩深似海	3.報恩乃天職	4.孝養母之身
5.孝敬母之心	6.孝順母之意	7.孝恭母之靈	8.人子需有心
9.人子宜用心	10.人子且盡心	11.行孝當及時	12.行孝且即時

圖三　人子者行孝之十二要

有母有我報恩天職	有母方有我 母恩深似海 報恩乃天職	第01-05則 第06-10則 第11-14則
孝養孝敬孝順孝恭	孝養母之身 孝敬母之心 孝順母之意 孝恭母之靈	第15-19則 第20-23則 第24-28則 第29-32則
人子有心用心盡心	人子需有心 人子宜用心 人子且盡心	第33-36則 第37-40則 第41-44則
行孝當及時且即時	行孝當及時 行孝且即時	第45-48則 第49-52則

表一　獻給人子者52則孝母語錄體系

目次

輯二　母恩深似海

輯三　報恩乃天職

篇二 孝養孝敬孝順孝恭

篇三 人子有心用心盡心

篇四 行孝當及時且即時

序章
——我終生緬懷的慈母

卿卿我母

母親　您走過一世紀歲月
傳奇多采　是您一生寫照

何其有幸　有緣
六十五寒暑　我們相處其樂融融

您予我之愛
至深　無私　無求
您予我之情

慈祥　憐惜　卻又牽掛無限
愛無所求　永不止息……
恩不求報　自始自終……

您是　此生我無時不眷念的身影
也是　一篇篇讀不完的美好故事

永遠懷念　和您一起的點點滴滴

引言

如同前詩所言，我的母親褚林貴女士，無疑是我終生無時不眷念的身影。也因為如此，她老人家辭世至今八年左右，包括她生前即已出版者，我一共為她寫了十本書。

誠然，這世上曾為自己母親寫過一篇文章的人，本就不多；為之寫一本書的，就更少了；甚且，會為母親一連寫下十本書的人，肯定更加罕見。而我，何其有幸，卻是其中一人。

有不少親友和讀者都很好奇，我的母親究竟是怎樣的一個人，能夠讓她的孩子奮筆不輟，為她撰寫了如此多本書？

為此，藉著本文〈我終生緬懷的慈母〉的描述，我想，讀者們對我的母親，應會有較為深入的認識與了解。

曲折、困頓的身世與成長

母親的出身與成長的故事，著實充滿著傳奇性。坦白說，即便是在那個物資匱乏、生活艱困的年代，她的身世相較於其他人，也更為曲折與困頓。

回顧民國六年（一九一七年）的臺灣社會，正是一個民風純樸、觀念保守的舊時代。這一年，我的母親褚林貴女士誕生了。

她是一位看似平凡，卻是十分偉大的女士；是我一生中最敬愛、最眷念的慈母，也是我永遠永遠的上師與明燈。

出身於寒門的母親，是外祖父清末秀才的遺腹女，可謂生即失怙。而且，她的童年及青少年時期，一共歷經了三對父母親，包括：一對親生父母（本姓「連」）、一對養父母（姓

「林」），及一對義父母（姓「蔡」）。坦白說，從小就必須面對如此乖舛命運的小孩，誠屬少見。

令人心疼的年少境遇，卻不怨天、不尤人

母親曾提及，當年在林家，因為林姓養母過世，養父無法獨力照顧年齡尚幼的她，無奈之餘，才會決定將她送至身為中醫師的蔡姓義父母家寄養。

換言之，母親的年少時期，竟然前後經歷了兩次不同家庭的養女歲月。然而，可敬的是，母親對於自己如此坎坷的命運，從不怨天，也不尤人。

坦白說，真的很少人的身世會像我母親那樣坎坷，在小小的年紀開始，就必須面對日後漫長的養女歲月，並承受多次親情離散的無情打擊。思及母親在童年和青少年時期的這些不幸遭遇，著實令人心疼。

所幸，母親終究能夠身心俱佳地順利渡過這些困境。顯然，這不僅是她極其幸運的福報，更是令我非常敬佩甚至崇拜的地方。因為，真的難以想像，在她那麼小的年紀，居然能夠擁有如此能耐去接受與面對。

事實上，我萬分以能夠作為如此偉大母親的兒子為榮。

為愛子女，不畏艱辛，肩負沉重家計

在那個年代，農業社會下，青年男女普遍早婚。母親在十八歲時，嫁給了大她三歲的我的父親。這門親事，是由她的養父為她作主抉擇的，符合舊時代所謂的「媒妁之言，父母之命」。

我的父親出身地主之家，原本家境不錯。只可惜，年輕時前往南京及上海打拚，無奈時運不濟，兩次經商皆告失敗，家道從此中落。婚後幾年，十個子女（五男五女）相繼出生，食指浩繁，生活更加不易。

此後，沉重無比的家計負擔，便如卸不下的軛，經年累月地壓在母親這個弱女子的肩上。可想而知，在那個大多數老百姓鮮少吃得起白米飯、雞鴨魚肉遙不可及的年代裡，養家糊口是極其艱辛的挑戰。

當年，為了扶養眾多兒女，母親只得積極地找尋及嘗試，任何有助於增益家庭收入的工作機會。這期間，母親做過不少差事，包括：幫人洗衣、揉製米糠丸（自食兼販售）、代工編裁竹藤製品、販售香蕉等水果、擺攤賣飲料、賣粽子、經營小雜貨店兼出租漫畫書等。

母親晚年後回想，在當年工業資源仍極為稀缺，甚至亟需美援的台灣，百姓的就業機會的確非常匱乏。雖說現實情況如此，但我的母親，她的想法很簡單：只要能養家，什麼工作她都願意做，什麼苦她都能吃。

想想，在那個家庭代工甚至都尚未盛行的年代，像母親這樣一個傳統婦道人家，要肩負起大大小小十多口的生活重擔，是多麼不容易！但，為著兒女，千斤、萬斤擔子，母親都挑起來了。

聰慧靈敏、堅強毅力，興我家運

雖說生活不易，我的母親畢竟家學淵源，承襲了清末秀才外祖父的優質血緣，再加上為了自己心愛子女們的幸福著想，母親總是隨緣認命、咬緊牙關，矢志再苦都要撐過去。可敬的是，憑著她過人的聰慧、靈敏，和無與倫比的堅強毅力，屢屢克服難關，終究安然渡過了她一生中最感艱辛、困頓的時期。

母親年輕時的這些坎坷遭遇，以及振興褚家家運的辛勤付出與偉大貢獻，作為兒女的我們，一輩子都非常感謝她，而且由衷地敬佩她！

今天的褚家，雖非達官顯貴之家，但，至少也是個書香門第，是一門對國家及社會有一定貢獻的家族。她的孩子中，有博士，有教授，有名師，有作家，有董事長，有總經理，等等，諸多領域的人才。

倘若以母親身處的那個艱困年代，以及她的貧寒出身而言，能夠憑藉著自己的一雙手，造就出如此均質的優秀兒女們出來，真的不得不佩服她教育子女的成功，以及她對子女教育的重視與堅持。

因為，當年若不是母親的睿智，堅持栽培我們這些孩子們升學，早就個個送去當學徒了，自然也就不會有褚家今天的家運。

福慧兼備的母親——慈悲為懷、樂善好施

母親是個非常有福報的人，她不僅身心健康，並且耳聰目明地活到了百歲嵩壽。此外，她更是個悲心十足的慈善老人家。

她老人家在世時，膝下已經兒孫滿堂，而且多數略有成就。然而，她卻經常想起早年生

活及持家的艱辛不易。尤其，感念當年每逢學校開學日，為了籌措學費，左支右絀的情景。那時，家中同時有著小學、初中、高中，及大學等不同學齡的孩子，大小數個蘿蔔頭，巴巴兒地等著她去張羅一筆為數不小的註冊費。說實話，平時生活尚且捉襟見肘呢，這時更不知道該去哪裡生出錢來！這些夢魘一般的窘困景象，時常縈繞母親心中。

所謂「己飢己溺」吧，由於經歷過從前那段甚為艱辛的歲月，慈悲善良的母親極想回饋社會：一方面，希望能夠對那些弱勢學子們提供所需的幫助；另一方面，更思及家庭教育、社會教育，以及弘揚孝道之重要性，希望略盡棉力，拋磚引玉。

為回饋社會，成立基金會

為此，在她的至誠發心以及我的積極策畫下，母親和我共同發起並各自捐贈了新臺幣一百萬元，於民國一〇一年（二〇一二年，母親正值九十六歲）的一月十八日，正式成立了「財團法人褚林貴教育基金會」。

當年成立基金會的這筆錢，我原本要全額獨力承擔，而不想讓母親把她辛苦一輩子省吃儉用的積蓄捐出來。但，母親有她的理想和夢想，她堅持自己一定要有所貢獻，極力主張共同捐贈。因此，為了尊重她老人家的心願與美意，我終究順從了她的心意。

同時，母親也在董事會全體成員的熱烈推舉下（雖然她極力婉辭），眾望所歸地榮膺了基金會的創會暨第一任董事長（至今她依然是「永久榮譽董事長」），我則義不容辭地擔任她的執行長。自此，基金會積極展開工作，多年來母子一直企盼回饋社會的宏願，終於得以實現。

回想當年，基金會在籌備階段時，母親曾執意反對以她的名義作為基金會之名，也婉拒她擔任基金會董事長之職。我費了好大心力才說服她，強調之所以如此做，其實有著非常重大的意義。最後，好不容易，她老人家終於點頭應允了。

出錢亦出力，母子同心同行基金會

基金會成立的宗旨，主要是秉持著母親慈悲為懷、樂善好施的精神，並以「贊助家境清寒之學子努力向學」，以及提升「家庭教育」與「社會教育」之品質暨水準為發展的三大主軸；此外，更以「弘揚孝道」為重要志業。

母親期望能夠透過本基金會的實際行動，略盡個人綿薄之力，並藉此拋磚引玉，呼籲更多的社會人士及機構共襄盛舉，一起投入回饋社會的行列。

實話說，以母親為名的這個基金會，於我而言，絕對是意義非凡。因為，在整個過程中，我們母子倆不僅共同發起與成立，而且既出錢也出力。

至今，基金會的運作已經邁入第十三個年頭了。這樣的具體行動，不僅能夠持續踐行母親和我意欲回饋社會的心願，同時也能時刻喚起我對母親的諸多美好回憶。因為，基金會的運作象徵著我們母子倆仍「一起攜手行善」，這就好像母親一直陪伴在我身旁，未曾遠離一般。

事實上，只要這個基金會能夠永續運作，那麼，不僅母親與我二人對社會的綿薄貢獻得以持續下去，我對母親的美好記憶也將永遠珍藏心中。

母親的睿智——言教與身教

平心而論，此生中，母親一直是我最敬佩、最景仰的人。在前幾本拙作裡，我曾多次提及母親是我這一生中的上師與明燈，她教導了我對生命的正確認知，以及對生活實作的積極態度。也因此，讓我能夠更有智慧和勇氣，去面對生命的無常，以及生活的多變。

這些睿智及實用的觀念與態度，來自她日常給予我們這些孩子的身教與言教。尤其難得的是，在長年的薰陶與教化之下，母親的言行榜樣已然成為她賜給我們的無價之寶，甚且是彌足珍貴的傳家之寶。

說實話，母親待人處事的美好榜樣一直幫助著我，在現實生活中，無論遭遇到多麼艱難的問題，或再大的困境，總是能夠迎刃而解，成功克服。

至今，我每每想起這些過往，對慈母的思念之情就更加殷切，對她的睿智言行就更加感佩。

無價傳家寶，子孫終生受用不盡

為此，我想在本文中再次描述，這些得自於母親所賜予的無價之寶——十種有關「生命認知的觀念」以及「生活實作的態度」的內容。

它們大致可以分成：「圓融的待人哲學」、「睿智的處事態度」，以及「豁達的心靈氣宇」等三大類。

⊙首先，有關「圓融的待人哲學」方面

不可否認地，如何「待人」，自古即為人生必修的一門學問；它看似容易，卻是「知易行難」的一個課題。然而，母親在親戚、朋友，以及鄰里中，「如何待人」這堂課，她可謂修個滿分，因為她向來是個「人氣王」。她老人家在這方面賜給我的寶物，就展現在：

「待人大度，慷慨隨和」、「善解人意，體恤人需」，以及「手足相愛，家和事興」等三個面向。

⊙其次，「睿智的處事態度」方面

許多人都深刻體會到，人生在世，面對無常的生命，以及多變的生活，想要順利地安身立命，其實並不是一件容易的事。而充滿人生智慧的母親，她賜給了我另外一個無價之寶——「睿智的處事態度」。有關這方面的資糧，她則展現在：

「理事聰慧，接物靈敏」、「苦中作樂，忙裡偷閒」，以及「貧時忘憂，養生有道」等三個面向。

⊙再者，「豁達的心靈氣宇」方面

自古以來，任何人，無論生而貴賤或富窮，一旦呱呱落地，隨即就得面對生活的多變，以及生命的無常。嚴格說來，人生在世其實是苦多於樂的。而針對這個「苦多於樂」的人生，我們又該如何面對與自處，這確實是一大挑戰與難題。

而我的母親如前所述，她不僅出身寒門，從小失怙，並且經歷了兩次不同家庭的養女歲月……。在面對這些困厄及苦迫時，她是如何做到「不怨天又不尤人」？身處劣境時，她又是如何「隨緣認命」而自處呢？

顯然，「豁達的心靈氣宇」便是她面對及自處之道，也是她賜給我的無價之寶。而這方面的智慧珍寶，她展現在：

「胼手胝足，無怨無悔」、「虔誠信佛，菩薩顧護」、「豁達自在，樂觀不懼」，以及「內斂低調，顯時忘名」等四個面向上。

無私分享——母親的人生哲學與生活智慧

總之，上述母親在身教與言教的諸多德操與涵養，是她賜給我的人生無價之寶。我不忍藏私，特於拙作《慈母心・赤子情——念我百歲慈母》（母慈子孝004）中第二十九章及三十章做更深入的描述。期盼能與褚家家族及後代子孫們相互勉勵，努力效法她老人家的德行與風範。

同時，也期望能與有緣的讀者們，一起分享我母親的人生哲學，以及實用又寶貴的生活經驗與智慧。相信，日後在您面對與領受生命的無常及生活的多變時，或能有所助益。倘能如此，實乃母親及我之深所企盼。

殊勝母子緣——舐犢情濃與孺慕情深

母親於嵩壽百歲往生，住世長達一世紀之久。她老人家在三十六歲時生下了我，我是她的么兒，排行第九。

她老人家與我，母子倆之間，格外緣深情重。這一生，我們共處了令人欣羨的，六十五載的和和美美的歲月。所謂「母慈子孝」誠非虛言，因為，母親對我是無盡的舐犢情濃，而我對她則是無限的孺慕情深。

令我永懷的上師與明燈

想起從前，自小到大，我有幸能夠長時間伴隨在母親身旁，接受她無微不至的照顧，以及耳提面命的教導。對她老人家，我真的是充滿著無限的敬佩與景仰。

同時，更感恩於她，讓我有這麼多的機會，能夠耳濡目染於她的言教與身教，從而領受到待人、處事，和心靈方面的涵養，並幸運地獲得她深厚的真傳與庇蔭。

坦白說，她老人家對我心靈與智慧影響之深遠，絕不會僅止於過去及現在，甚且將會長期地引領著我的未來。

事實上，母親對我來說，就如同是我生命與生活中永遠的「上師」，更是黑暗裡的一盞「明燈」，照亮著我，也導領著我。我永遠感激她，也永遠懷念她！

☆《母親十件無價的傳家之寶》彙整

〈一〉圓融的待人哲學

①待人大度，慷慨隨和

②善解人意，體恤人需

③手足相愛，家和事興

〈二〉睿智的處事態度

④理事聰慧，接物靈敏

⑤苦中作樂，忙裡偷閒

⑥貧時忘憂，養生有道

〈三〉豁達的心靈氣宇

⑦胼手胝足，無怨無悔

⑧虔誠信佛，菩薩顧護

⑨豁達自在，樂觀不懼

⑩內斂低調，顯時忘名

篇一　有母有我報恩天職

輯一　有母方有我
輯二　母恩深似海
輯三　報恩乃天職

輯一　有母方有我

孝則①
卿卿我母
謝謝您生下了我

卿卿我母
謝謝您生下了我

排行老九　我是您么兒
唯因有您　才有今日我

十月懷胎　哺乳三年
斯愛斯情　常在兒心

卿卿我母　與有榮焉
能生而為您子　慈恩浩蕩
人子者　且珍惜　且把握

孝則②
您與我
此生寶貴難得
之母子善緣

卿卿我母
感謝佛菩薩　殊勝恩典
賜予您我　此生母子善緣

善緣難得　今已得
豈可任輕忽　更不任蹉跎

卿卿我母
時光輕易逝　歲月總無情
兒當惜此福　莫遣韶光老

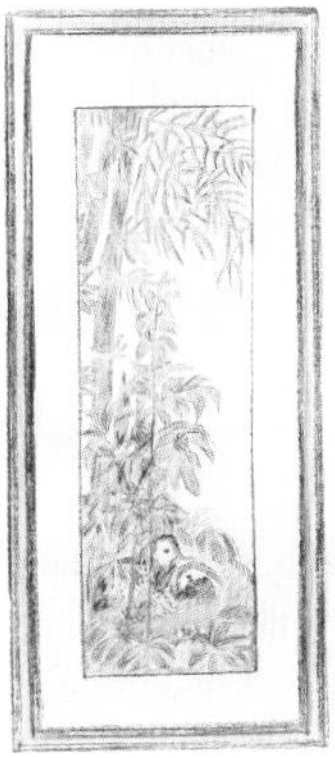

孝則③

難忘　您我六十五載　共處歲月

卿卿我母
何其有幸　此生為您兒　長沐春暉
何其有福　六十五載　母子緣份結

椿堂煦煦　庭訓諄諄
有母如您　我無所缺

您予我之愛　至深至切
　無私無求　似皓月
您予我之情　慈祥憐惜
　牽掛萬般　如涓涓溪水永不絕

卿卿我母
母愛永不息　我恩更悠悠
掬育之恩　重如山　教我如何孝報

孝則④
您的摯愛
孩兒視如此生
無上珍品

卿卿我母　您的摯愛如春雨
潤我人生　點點滴滴　無盡關懷
卿卿我母　您的包容如穹宇
慈眉善目　和藹容顏　溫馨無限
總如此　悲憫寬祥　萬般疼惜兒
多榮幸　有福如我得此無上珍品
卿卿我母　世人應欣羨我
六十五載　常沐我母春暉

孝則⑤ 母與子 心連心

卿卿我母
誠難忘 您慈恩 和煦如春風
昔日 您疼兒 舐犢情深
猶記 兒孝您 孺慕情濃
母逝八載 每每吟罷〈蓼莪〉心傷痛
慈母身影 繞心頭 思念總無窮
幸哉福兮 卿卿我母
母子心連心 共倡基金齊做善工
天人雖永隔 親恩穆穆 無始亦無終

輯二　母恩深似海

孝則⑥ 您不求回報的恩情　兒永生難忘

孝則⑦ 您是我永遠的上師　和明燈

孝則⑧ 您是孩兒一生所倚　最大的支柱

孝則⑨ 您是全世界唯一　從不生我氣的人

孝則⑩ 您是我的最大善緣　勝似佛菩薩

孝則⑥
您不求回報的恩情
兒永生難忘

卿卿我母
您無私無我　給予么兒　不求回報的恩情
您生我　鞠我　長我　育我　顧我　渡我

您的教誨　如海洋般深廣　微妙如潮音
您一生劬勞　若春蠶吐絲　綿綿似無盡

啊　卿卿我母
您何其偉大　何等悲心
除卻慈母您　世上再無他人

令兒如此感念　無限崇敬
更教兒　努力精進　不負您在天之靈

孝則⑦ 您是我永遠的上師和明燈

卿卿我母　智者若您
好比兒的啟蒙上師　又如明燈煌煌

您惠我　無盡聰慧善巧
更賜我　無窮睿智勇氣

您的諄諄教誨　使兒無懼於難題障礙如山
既安於生命之無常　且冷靜面對多變生活

從小到大　您是我生命之舟的護法
在人生大海中　儘管波濤洶湧　我卻不孤單

卿卿我母
您永遠是孩兒此生全心仰賴的　燈塔和指南

孝則⑧ 您是孩兒一生所倚 最大的支柱

卿卿我母
偶憶我此人生　若干波折起伏
每當我　困頓無助　彷彿走入黑暗幽谷
一時鬱卒　無人聽我傾吐
那時　誰願聆聽　使我安舒
當然　唯您　永遠一旁守護
誠難忘　您的慈祥凝視　一如明淨的靜湖
慈眉中　滿是溫馨與疼惜　平我牢騷滿腹
卿卿我母　我深知　我永遠是您眼中小小孩
無論面對多少挫折煩憂　您總是願意將我扶
卿卿我母　我深知　您會永遠愛我　如初又如常
人生多風浪　您總是孩兒一生所倚　最大的支柱

孝則⑨
您是全世界唯一
從不生我氣的人

卿卿我母　審視自小至今
您　予我的愛　既濃且深

您是全世界唯一　從不生我氣的人
也是舉世無雙　最願意包容我的人

您的溫言勸導　啟我蒙昧　勝似梵音潮聲
您的循循善誘　教我待人處事　如規如箴

卿卿我母
您就像一座高山　讓我景仰攀登
兒就算鬢髮斑白　仍需您渡我　養性修身

孝則⑩
您是我的最大善緣
勝似佛菩薩

卿卿我母
您的身教與言教　兒矢志謹遵且效法
更忘不了您　總能心平氣和護我渡我

這世上　經師人師何其多
唯您　能讓兒頑石點頭　無須高言大話
唯您　能令兒改變脾性　回歸溫和儒雅

卿卿我母
何其有幸　兒能有母如您
您是我的良師兼護法
更是我的最大善緣　勝似佛菩薩

輯三　報恩乃天職

孝則⑪知母　念恩　念報恩

孝則⑫讓兒孝順您　久久長長

孝則⑬一切努力　只為撫慰母親您的心

孝則⑭單獨一個人　陪您旅行

孝則⑪
知母　念恩
念報恩

卿卿我母　兒時常捫心自問
從孩提到長大　到年老　萬千個晨昏

您給予我的一切　疼惜呵護　如寶如珍
您一生劬勞　生我養我之恩　山高海深

佛法佛律　莫不教誨天下人子
謹記莫忘　知恩　念恩　念報恩
兒豈能如白眼狼　忘恩　又負恩

卿卿我母
孝您　乃天經地義事
順您　更是人子本分

孝則⑫　讓兒孝順您　久久長長

卿卿我母
佛菩薩恩典　兒無時或忘
嘉惠您我　殊勝母子情緣
六十五載　母慈子孝　傳為美談
然　歲月總無情　猶恐日薄西山
兒常祈佛菩薩　保佑您健康平安
卿卿我母　甚願您　慢慢老
讓兒孝順您　久久長長
日日晨昏定省　承歡您膝下
慈恩浩瀚　慈烏反哺　仔細思量

孝則⑬
一切努力
只為撫慰
母親您的心

卿卿我母
誠難忘　那些童年往事　惡鄰惡行
家貧受欺　激勵兒向上　努力奮進
我　用功讀書　名列前茅
我　品學兼優　知書達禮
人雖小　卻志氣高
就想做個　乖小孩　好學生
卿卿我母
一切努力　只為撫慰母親您的心
一切展現　唯求回報母親您期望

孝則⑭
單獨一個人
陪您旅行

卿卿我母　兒深知您心情
您　樂山樂水　喜好出遊

兒　更歡喜　為您規劃綢繆
單獨一個人　陪您出國旅行

猶記得　母子多次同遊　何其自在溫馨
更難忘共覽美景　湖光山色　相映如鏡
這時光　既是承歡也是回報　同樂欣欣

卿卿我母　您我　心連心　手牽手
填　記憶金庫　儷影繽繽
寫　陳年憶往　幾首歌吟

篇二　孝養孝敬孝順孝恭

輯四　孝養母之身

孝則⑮ 緊握您的手　陪您慢慢走

孝則⑯ 就從此刻起　換兒來照顧您

孝則⑰ 多些溫柔　多些耐性　多些愛心

孝則⑱ 兒會盡心　顧護侍奉您

孝則⑲ 時常為您按摩　陪您聊天

孝則⑮ 緊握您的手 陪您慢慢走

卿卿我母
兒知　您漸老邁　漸佝僂
眼力退　齒力衰　聽力弱
路途走不遠　腳力難持久
但　甭擔心　兒會伴在您身旁
緊握　您的手　陪您　慢慢走
就像兒少時　您牽我　學步行
一步一步　蹣蹣跚跚　跟您走
誠難忘　卿卿我母
您之耐心與細心　比我多更多

孝則⑯
就從此刻起
換兒來照顧您

卿卿我母
歲月倏忽逝　令人驚

您行動日漸遲緩　兒心疼
但　請放心　兒不會不耐

任何動作　都請慢慢來　兒等您
您體能再弱　請甭擔心　兒扶您

卿卿我母
兒　雖無法代您老
但　寬心　請寬心
就從此刻起　換兒來照顧您

孝則⑰
多些溫柔
多些耐性
多些愛心

卿卿我母　您年近百歲
請讓兒　更盡心照護您

餵您喝湯　幫您按摩
穿衣穿鞋　扣釦子　梳頭髮
剪指甲　推輪椅　載您兜風

卿卿我母
兒願花更多時間陪伴您
慢慢來　不催您　我會等您

給予您　多些溫柔　多些耐性
多些愛心　呵護您　續度人生

孝則⑱
兒會盡心
顧護侍奉您

卿卿我母
請勿擔心　日月無情催人老

您雖漸老　兒未老
兒會盡心顧護您　甘任勞
決心侍奉您　歡喜無怨悔

卿卿我母
願為您　付出最大愛心與貼心
因為您　永遠是么兒的心頭寶

孝則⑲
時常為您按摩
陪您聊天

卿卿我母
您身軀漸漸佝僂　步履亦蹣跚
直教兒依依不捨　油然生感傷

且讓兒　時常為您按摩　陪您聊天
略盡我　人子微薄孝意　聊報親恩

卿卿我母　謹此
助益您　身心安寧與健康　盼您慢慢老
也增添　您我天倫樂　母子相處好時光
更讓您　感受么兒孺慕情　暖暖似冬陽

輯五　孝敬母之心

孝則⑳讓兒　孝您　順您　敬您

孝則㉑將我心　比您心

孝則㉒珍惜把握　與您共處時光

孝則㉓角色互換　護持您

孝則⑳
讓兒 孝您 順您 敬您

卿卿我母　兒深知
您早已心志淡泊　恬然寡欲
您的兒女　都有心孝順您
然而　所謂孝養　不僅在身
更在於　孝敬您的心
亦即　身心　要並重
貴在　孝養　兼孝敬
卿卿我母　您請放心
讓兒　孝您　順您　敬您

孝則㉑
將我心
比您心

卿卿我母　您向來　含蓄客氣
內心若有想望　也從不輕易說

但　么兒常會設想　您心境
想您　此刻心裡在想著什麼
想您　歡喜什麼　需要什麼

卿卿我母
給您　內心真正想要的
勝過　我自以為您所想要的
時時刻刻　將我心　比您心

孝則㉒ 珍惜把握 與您共處時光

卿卿我母
您日漸老邁 兒萬般不捨
欲把時光留 卻是百般無法
難難難 此憂 無計可消去
夜闌人靜 長喟嘆 總無奈
有句老話 總在心中迴響
樹欲靜而風不止 子欲養而親不待
卿卿我母
為此 兒常告誡自己 要謹記
把握當下 珍惜與您共處時光

孝則㉓　角色互換　護持您

卿卿我母
您雖老　請甭掛心

天荒地老　有兒在　把孝盡
兒會角色互換　護持您

不讓您　孤獨與寂寞
不讓您　無依與無助
不讓您　企盼與等待

兒陪您　天南地北話家常
兒陪您　歐洲亞洲五次行

卿卿我母
談您　年輕舊往的曾經事
說我　童年憶趣陪您歡心

輯六　孝順母之意

孝則㉔
欣然接受您的美意
也是一種孝順

卿卿我母
都說母愛和煦似春暉　暖我人生
誰得有福如我　常沐　我母慈恩

阿堯　吃塊好吃的紅豆麵包吧
謝謝媽　我馬上就吃　真好吃

頓時　您笑逐顏開　喜不自勝
眼裡　滿滿是慈祥　共樂天倫

卿卿我母　原來
欣然接受您美意　也是一種孝順

孝則㉕
孝順也者
順從母親您之意

卿卿我母　兒深知
您的欲望之井很淺

一點感恩　一點關懷
就能取悅您　令您心滿意足

兒卻用心思量　仔細析讀
配合您清淨淡泊心志　不求貴品
盡力曲意承歡　將您疼在心裡
絕不無謂堅持　太多我己意見

卿卿我母　因為　孝順也者
亦即　順從母親您之意

孝則㉖

樂於當您聽眾
靜靜聽

卿卿我母
您向來話不多　溫婉嫻靜
卻最喜　兒孫繞膝　萱堂鬧盈盈

但　我們更樂於當您聽眾
您慢慢說　我們愛聽　誰也不插話
就此　靜靜聆賞　您的柔聲與慈音

啊　多麼美好　好似回到從前
兒時　聆聽您說話時的舊光景

卿卿我母
此刻斯情　天倫溫馨滿滿
我們多麼有福　何其有幸

孝則㉗
您之所欲
常在我心

卿卿我母　兒深知
您不在意物質　亦不重享受
您經常辭卻禮物　總是說著
夠了　夠了　媽什麼都不缺
但　少數幾樣　確能承歡於您
您雖不言說　兒早已心知肚明
因為　我有心　用心　也盡心
卿卿我母
您之所欲　常在我心

孝則㉘
樂為 您心中的老小孩

卿卿我母 在您眼中
無論 兒年紀已多大
卻始終是 您從前的小小孩

感恩您 予我無盡的疼惜和關懷
從不因時間飛逝 而稍減您慈愛

為此 兒常告誡自己
要明白 在您眼前我永遠是么兒
要把握 依然被您疼惜著的幸福
要體諒 您總把我當三歲孩兒看
要懂得 享受您摯愛的溫馨叮嚀
要銘感 您無微不至慈祥的關懷

卿卿我母
兒珍惜 樂為 您心中的老小孩

輯七　孝恭母之靈

孝則㉙有您在　家中如有一寶

孝則㉚悉心呵護　老母您尊嚴

孝則㉛您永遠是　兒終生無時不眷念的身影

孝則㉜共創美好記憶金庫　日後時時能緬懷您

孝則㉙
有您在
家中如有一寶

卿卿我母　么兒何其有此幸
得您日夜相伴　盡人子孝道

如今　您體力日衰　已然遲暮
但　甭擔心　么兒不會嫌您老

矢志顧護您　願您常歡笑
兒會孝您　順您　珍惜您
因為　您永遠是兒心頭寶

卿卿我母
有您在　家中如有一寶

孝則㉚
悉心呵護
老母您尊嚴

卿卿我母
兒雖也老　但您更老

我會悉心照顧您　不論事大小
更會呵護您尊嚴　把您當成寶

深知　孝養　豈僅止於生活照料
願給您心靈慰藉　更勝物質供養

您的心思與意念　兒知曉
卿卿我母　寬心　請寬心

您絕不是累贅　兒孫都會念您好
永遠愛您惜您　讓您尊嚴常自在

孝則㉛
您永遠是
兒終生
無時不眷念的身影

卿卿我母　您永遠是
兒終生　無時不眷念的身影

都說時光匆匆　歲月無情
乍見枯葉飄零　令兒心驚

觸景生情　兒深切惕己　警醒
您的慈祥叮嚀　尚得幾年聆聽

猶記得　車載您輪椅出遊
逛竹科湖畔的日子　有時或盡
只能　把握當下　多獻您殷勤

卿卿我母　因為　諸此種種
永遠是　么兒記憶中的難忘

孝則㉜
共創美好記憶金庫
日後時時能緬懷您

卿卿我母
兒對月常思　人生苦短
母子共處時光　還幾何

為此　兒謹藉如下諸方式
與您共創　美好記憶金庫
裨益兒　日後時能緬懷您

卿卿我母
　以您為名常捐功德
　經常帶您出外旅遊
　為您製作專屬相冊
　為您撰寫生平傳記
　為您出版孝母專書
　為您繪畫肖像留念
　保留您房間及器物
　依您名成立基金會

篇三　人子有心用心盡心

輯八　人子需有心

孝則㉝孝順您是真心甘　真情願

孝則㉞您永遠是兒的心上肉　心頭寶

孝則㉟兒謹記　定要盡心孝順您

孝則㊱珍惜—把握　乃是不二法門

孝則㉝ 孝順您是真心甘 真情願

卿卿我母　兒常嘆息
人生短促　如白駒過隙煙逝無蹤

兒不忍　您身軀微駝　廳前佇立
兒不忍　您步履蹣跚　倚杖緩行

但　我親愛的母親　請勿掛心
有兒在　陪您佇立　陪您緩行

卿卿我母　堯兒有心
您　請放心　放寬心

兒愛您　本當無怨　亦無尤
孝順您　是真心甘　真情願

孝則㉞　您永遠是兒的心上肉　心頭寶

卿卿我母　兒深知　從小到大
您　總是無私愛我　以兒為豪
更視兒　如心上肉　心頭寶

如今　可恨歲月催人老
母漸老邁　兒心焦
不忍您白髮蒼蒼　形容枯槁

誠然　時間無情　它逝去悄悄
但　孩兒有心　即時眼前盡孝

卿卿我母　請放心
無論　時間它多會跑
您永遠是兒的心上肉　心頭寶

孝則㉟

兒謹記 定要盡心孝順您

卿卿我母　每當夜闌人靜
抬頭望月　總怕見那圓缺

萱堂日永誠嘉言　可恨歲月催
更復思及永別日　心悲切

莫蹉跎光陰　徒留遺憾空悲
盡孝能幾時　兒常自我儆戒

卿卿我母
您一生　為兒付出何其多
而我　為您盡孝又何其少
啊　不禁汗顏　慚愧咨嗟
兒謹記　定要用心盡心孝順您

孝則㊱
珍惜－把握
乃是不二法門

卿卿我母
時光匆匆　歲月如梭
人貴有心　切勿蹉跎

慈母在堂　名之為富
不敢問天　此等富足　還有幾多

卿卿我母　從今而後
和您共處的年年月月　時時刻刻
兒不僅要珍惜　更需勤把握

卿卿我母
珍惜與把握　是我不二法門
人子者當如斯　請君細琢磨

輯九　人子宜用心

孝則㊲除了需有心　還得要用心

孝則㊳用心孝敬您　謹記庭訓莫敢忘

孝則㊴用心促成　五次母子難忘之旅

孝則㊵孝您　乃天經地義　是人子本分

孝則㊲
除了需有心
還得要用心

卿卿我母
家有您一老　就如有一寶
兒愛您　不會不耐您的老
兒常謹記　如何孝您順您
除了需有心　還得要用心

用心也者
愛心為本　耐心為上

卿卿我母
兒孝您　日日朝朝　愛心與耐心
兒孝您　隨時隨處　有心與用心

孝則㊳
用心孝敬您
謹記庭訓莫敢忘

卿卿我母
偶然憶想　兒之青少從前
不記得　我有過叛逆

唯記得　您的庭訓教誨
苦口婆心　耳提與面命

所謂苦口婆心　悉為淬煉我的心性
更有耳提面命　都是待人處世哲理

諸此教誨　兒都　樂意聆聽
幾番咀嚼　甘如飴　勝似蜜

回報母恩　唯當　用心
孝敬無它　謹記您庭訓

孝則㊴
用心促成
五次母子難忘之旅

卿卿我母　兒深知　您喜好旅遊
未能及早伴您行　是我用心不夠

所幸　於您八十歲以後　兒及時綢繆
促成五次母子難忘出國之旅　樂悠悠

猶記　母年正八十　同遊北歐暨俄國
回想　其年八十五　初度中國上海行
憶及　斯年八十六　上海二度共重遊
緬懷　當年八十七　欣訪日本北海道
難忘　年高九十壽　登臨黑部立山頭

遊蹤處處留倩影　記憶金庫添珍寶
譜下　精采篇篇　母子情濃好時光
至今猶記　當年　歡聲笑語樂陶陶

孝則㊵
孝您　乃天經地義　是人子本分

卿卿我母　您嘗問兒
阿堯　你這麼用心孝順我
下輩子　媽該怎麼還

我衷心回答　甭還　您不用還
是兒心甘情願來報恩　何須還

卿卿我母　誠難忘　您浩浩深恩
甘為兒女辛苦操勞　無論晨與昏
從孩提　到長大　到年老　為我明燈
直到而今　依然護我渡我　教我慈仁

卿卿我母　儘管您如風中之燭
兒　豈能忘恩不孝您
孝您　乃天經地義　是人子本分

輯十　人子且盡心

孝則㊶有心用心且盡心　孝順您

孝則㊷不讓您煩心　常享天倫樂

孝則㊸珍惜　每晚與您共餐

孝則㊹難忘　母與子的大花園

孝則㊶
有心用心且盡心
孝順您

卿卿我母
兒未曾或忘　一生成長諸多過往
幼年少年　青年成年　壯年老年

幸哉　福哉　您一直常伴我身旁
陪我走過人生　無數甘苦與悲歡

成功榮耀時刻　為我欣喜喝采
愁雲慘霧日子　開導我渡難關

我之有今日　全蒙母愛長期澆灌
寸草難報春暉　感念母恩誠浩蕩

卿卿我母
兒當　有心用心且盡心　報孝您

孝則㊷
不讓您煩心
常享天倫樂

卿卿我母　兒深知
您已回歸淡泊　滿心慈悲喜捨

兒卻不願您　老年孤寂　如秋風瑟瑟
當更盡心珍惜　孝順您　隨侍在您側

所謂孝也者　不僅在於衣食孝養
心靈慰藉　更是　一門必要功課

亦即　孝養您　也孝敬您

卿卿我母
兒願給您　更多溫情　更少煩心
時時恬靜與自在　常享天倫之樂

孝則㊸
珍惜
每晚與您共餐

卿卿我母　中夜庭前沉思
和您共處的諸多過往　情景依稀

當您我　都漸老　或變老
只有記憶　或能將歲月且收藏

那些年　每晚與您共餐　歡喜無數
還記得　依偎您身旁　同賞連續劇
母子二人　情緒一時　話在劇情裡

卿卿我母
瑣事雖平常　卻殊勝　是難得福氣
因為　我在意　我珍惜　也樂受它

孝則㊹
難忘
母與子的大花園

卿卿我母　還記否　我倆假日休憩處
竹科靜心湖畔　清風徐來　水波不興
環湖道　輪椅坐望　藍天白雲飄
小徑旁　綠樹參天　母子享悠閒

偶爾您　拄起杖　勤步行
湖中小鴨　歡喜　相見來

卿卿我母　您聽　蟲鳴鳥叫把歌唱
么兒隨侍在側　亦步亦趨　陪您行

啊　誠難忘　這良辰美景
難忘　這母與子的大花園

篇四　行孝當及時且即時

輯十一　行孝當及時

孝則㊺媽　兒多麼想您　好想您

孝則㊻及時且即時　孝順您　切勿留下憾事

孝則㊼何其有福　兒每天能見您

孝則㊽且珍且惜　眼前好時光

孝則㊺
媽　兒多麼想您　好想您

卿卿我母
不曾悲慟如斯　這一生
原以為　與您可以永不分離
終究　此願成虛罔　恨深深
頻頻顧望那床鋪　不見您
只留下靜謐　哀慟與孤寂
您我六十五載歲月　逝如煙塵
每當夜闌人靜　禁不住悲泣聲
忘不了　您對我舐犢情濃
數不盡　我對您孺慕情深
卿卿我母
此刻您在何處　過得好嗎
兒多麼想您　真想您　好想您

孝則㊻
及時且即時
孝順您
切勿留下憾事

卿卿我母
詩有道　樹欲靜而風不止
兒不願　子欲養而親不待

這叮嚀　如暮鼓晨鐘　敲醒人子
風不止　是樹木的無奈
親不在　是人子的無奈

卿卿我母　兒決心努力不懈
孝順您　要及時　更要即時

人生萬事　錯過無法重來
兒早誡己　切勿留下憾事

孝則㊼

何其有福

兒每天能見您

卿卿我母

我心深處　向您摯情告白

兒何其有福　萱堂高壽又慈愛

兒比多人更幸運　每天能見您

常依我母懷　長年如一日

盡心孝順　願您常樂少憂

然而　細思量　您已體弱漸衰

日薄西山　美好日子尚能幾何

卿卿我母

恨那時光　總是無情這般

誠心祈願　盼您能慢慢老

孝則㊽　且珍且惜　眼前好時光

卿卿我母
常怨歲月無情　似煙逝水流　匆匆然
何忍見您　佝僂攜杖　白髮蒼蒼

為此　兒常自省
且珍且惜　眼前好時光

及時把握您暮年　歡時須盡歡
且為明日留記憶　母子天倫樂

卿卿我母　謹記　兒謹記
孝順您　須及時
莫蹉跎　徒吟〈蓼莪〉空哀嘆

輯十二　行孝且即時

孝則㊾不只心念而已　兒會即起行之

孝則㊿時時用心盡心　陪您暮年走得更長遠

孝則51即時把握　孝您　敬您　順您　恭您

孝則52有心行孝　須及時　且即時

孝則㊾
不只心念而已
兒會即起行之

卿卿我母　共處時光尚幾何
么兒為此　思盡孝　勤報恩

孝養您　不只心念而已
　兒會即起行之
孝敬您　絕不止於口說
　兒會口惠實至
孝順您　不忤逆不違拗
　曲您意承您歡
孝恭您　常呵護您尊嚴
　如我心中寶貝

人子者　綜上孝母之四事
　堯兒　謹記　誡己　莫敢忘

孝則㊿
時時用心盡心
陪您暮年
走得更長遠

卿卿我母　幾度何忍問蒼天
一問　兒尚有多少日子可把您牽
二問　能否陪您暮年走得更長遠

無奈　蒼天默然　任我怨

造物無情　兒不再叩問連連
唯記取　時珍時惜　眼前人

孝順　無須大學問
唯在　有心　用心　與盡心

念茲在茲　謹記　母子難得此善緣
兒會時時把握您暮年　毋任它蹉跎

孝則51 即時把握

孝您
敬您
順您
恭您

卿卿我母　謝謝您　長年與兒同住
每天能看到您慈顏　是我無上幸福
既喜　朝夕相處　兒能時時承歡您
也憂　您年近百　孝您時日已漸稀
兒會珍惜當下　切勿徒呼負負
盡我心　孝您　敬您　順您　恭您
從很少隨侍　改成　經常關照
從有限相處　增為　更多互動
從物質取悅　提升　心靈慰藉
卿卿我母
企盼能和您一起　共創記憶金庫
為日後留下回憶　滿滿天倫之樂

孝則52 有心行孝 須及時 且即時

卿卿我母　夜闌人靜　細思量
歲月靜好　淡定安然
您卻如風中之燭　已然耄耋之年

都說光陰　飛逝無情　不等人
一秒　一分　一時　一日
一月　一季　一年　一眨眼

兒或可　抓住沙漏裡流瀉的沙
卻無奈　抓不住時間飛奔的腳

我和您　只會日漸老　年年老
老到　天上人間　難相見
老到　想盡孝　親卻不待

但　卿卿我母　請放心
兒會盡心盡力　一切唯母您優先
每一　年月日　每一　時分秒
兒會珍惜把握　永遠將您放心田
且藉此　與天下人子者共勉
有心行孝　須及時　且即時

附錄一　母親年譜事紀

年份	年齡	事紀
一九一七（民國六年）	誕生	農曆正月十八日（身份證登記國曆六月二十四日），生於臺灣新竹市，為外祖父連商宜和外祖母連楊棕的獨生女，母親上有三位兄長。外祖父是清末的秀才，但母親生下來即為遺腹女
一九一八（民國七年）	二歲	林家認養母親為養女
一九二七（民國十六年）	十一歲	蔡家認養母親為養女
一九二九（民國十八年）	十三歲	日據時代新竹女子公學校畢業（日式教育）
一九二九（民國十八年）	十一－十三歲	公學校畢業後，因家貧無力繼續升學。但經常利用餘暇在新竹市關帝廟之漢學私塾旁聽，自學而奠立了漢語基礎，聽、說、讀、寫皆能
一九三四（民國二十三年）	十八歲	嫁給父親褚彭鎮為妻
一九三五（民國二十四年）	十九歲	長女褚媞媞出生
一九三七（民國二十六年）	二十一歲	二女褚惠玲出生

年份	年齡	事紀
一九三八（民國二十七年）	二十二歲	長男褚煜夫出生
一九四〇（民國二十九年）	二十四歲	二男褚炯心出生
一九四二（民國三十一年）	二十六歲	三女褚雅美出生
一九四四（民國三十三年）	二十八歲	四女褚玎玲出生
一九四七（民國三十六年）	三十一歲	三男褚式鈞出生
一九四九（民國三十八年）	三十三歲	四男褚炳麟出生
一九五二（民國四十一年）	三十六歲	五男褚宗堯出生
一九五七（民國四十六年）	四十一歲	五女褚珮玲出生
一九九四（民國八十三年）	七十八歲	年初開始作畫，無師自通畫了十年之久，後因眼力關係而少畫，共有百幅左右。我保存了五十幅，其中挑選了二十五幅代表作，珍藏於《話我九五老母》一書中
一九九六（民國八十五年）	八十歲	隨同五男宗堯全家祖孫三代至北歐四國及俄羅斯旅遊
二〇〇一（民國九〇年）	八十五歲	五男宗堯首次單獨陪同母親至中國上海旅遊
二〇〇二（民國九十一年）	八十六歲	五男宗堯再次單獨陪同母親至中國上海二度旅遊
二〇〇三（民國九十二年）	八十七歲	五男宗堯單獨陪同母親至日本北海道旅遊
二〇〇六（民國九十五年）	九十歲	五男宗堯單獨陪同母親至日本立山黑部旅遊，此行為母親一生中最後一次國外旅遊，多年後她曾經對我說過，這也是她此生中最愉快、最難忘的旅行
二〇〇七（民國九十六年）	九十一歲	曾孫褚浩翔（三男式鈞之孫）出生（母親算起之褚家第一位第四代孫子）

年份	年齡	事紀
二〇一〇（民國九十九年）	九十四歲	曾外孫陳羿愷（五男宗堯之外孫）出生（母親算起之褚家第一位第四代外孫）
二〇一一（民國一〇〇年）	九十五歲	一月三十日起長期定居於五男宗堯家
二〇一二（民國一〇一年）	九十六歲	母親與五男宗堯於正月十八日共同創立「財團法人褚林貴教育基金會」，母親並榮膺基金會「創辦人暨第一任董事長」
二〇一二（民國一〇一年）	九十六歲	宗堯為母親寫的第一本專書《話我九五老母——花甲么兒永遠的母親》，十一月正式出版
二〇一三（民國一〇二年）	九十七歲	基金會榮獲新竹市政府感謝狀，我代替母親接受表揚
二〇一三（民國一〇二年）	九十七歲	曾外孫陳羿捷（五男宗堯之外孫）出生（母親算起之褚家第二位第四代外孫）
二〇一四（民國一〇三年）	九十八歲	五男宗堯為母親寫的第二本專書《母親，慢慢來，我會等您》，五月正式出版
二〇一四（民國一〇三年）	九十八歲	基金會再度榮獲新竹市政府感謝狀，我再次代替母親接受表揚
二〇一四（民國一〇三年）	九十八歲	曾孫褚旭展（五男宗堯之孫）出生（母親算起之褚家第二位第四代孫子）
二〇一四（民國一〇三年）	九十八歲	十一月九日五男宗堯陪同母親搭乘高鐵至「臺北一〇一大樓」，這是她第二次參訪「臺北一〇一大樓」

年份	年齡	事紀
二〇一四（民國一〇三年）	九十八歲	十二月三日五男宗堯陪同母親搭乘高鐵至高雄「佛光山」及「佛陀紀念館」參訪，母親非常欣慰及感恩，此生能有此機緣到此佛教聖地禮佛
二〇一五（民國一〇四年）	一百歲	六月九日五男宗堯以〈再老，還是母親的小小孩〉一文榮獲「第四屆海峽兩岸漂母杯文學獎」散文組第三名，母親相當高興，對我讚譽有加，並且非常用心地詳讀我的得獎之作
二〇一五（民國一〇四年）	一百歲	母親於十二月二七日自在往生淨土，享年百歲（以農民曆算，已過冬至並吃過湯圓），這天是農曆十一月十七日，正值阿彌陀佛佛誕日，依於她這一生的福德因緣，我深信她老人家已經往生西方極樂世界
二〇一六（民國一〇五年）		恭請母親為「財團法人褚林貴教育基金會」永久榮譽董事長
二〇一六（民國一〇五年）		四月四日為母親往生「百日」，這天亦適逢清明節，甚為殊勝
二〇一六（民國一〇五年）		十二月十五日為母親往生「對年」（農曆十一月十七日）
二〇一六（民國一〇五年）		五男宗堯為母親寫的第三本專書《母親，請您慢慢老》，五月正式出版（本書原計畫作為慶賀母親百歲壽誕之禮）
二〇一七（民國一〇六年）		一月六日母親之牌位與祖先牌位正式合爐
二〇一七（民國一〇六年）		曾孫女褚伊涵出生（五男宗堯之孫女），亦是母親算起之褚家第一位第四代孫女

年份	年齡	事紀
二〇一八（民國一〇七年）		一月三日為母親往生「兩周年」紀念日（農曆十一月十七日）
二〇一八（民國一〇七年）		五男宗堯為母親寫的第四本專書《慈母心・赤子情——念我百歲慈母》，二月正式出版（本書恭作為母親一百零二歲誕辰之紀念）
二〇一八（民國一〇七年）		十二月二十三日為母親往生「三周年」紀念日（農曆十一月十七日）
二〇一九（民國一〇八年）		五男宗堯為母親寫的第五本專書《詩念母親——永不止息》（詩文），二月正式出版（本書恭作為母親一百零三歲誕辰之紀念）
二〇一九（民國一〇八年）		十二月十二日為母親往生「四周年」紀念日（農曆十一月十七日）
二〇二〇（民國一〇九年）		五男宗堯為母親寫的第六本專書《一個人陪老母旅行》（小說），二月正式出版（本書恭作為母親一百零四歲誕辰之紀念）
二〇二〇（民國一〇九年）		十二月三十一日為母親往生「五周年」紀念日（農曆十一月十七日）
二〇二一（民國一一〇年）		五男宗堯為母親寫的第七本專書《母與子心靈小語》，二月正式出版（本書恭作為母親一百零五歲誕辰之紀念）
二〇二一（民國一一〇年）		十二月二十日為母親往生「六周年」紀念日（農曆十一月十七日）

年份	年齡	事紀
二〇二二（民國一一一年）		五男宗堯為母親寫的第八本專書《再老，還是母親的小小孩》（繪本），二月正式出版（本書恭作為母親一百零六歲誕辰之紀念）
二〇二二（民國一一一年）		十二月十日為母親往生「七週年」紀念日（農曆十一月十七日）
二〇二三（民國一一二年）		五男宗堯為母親寫的第九本專書《詩書畫我母從前》，二月正式出版（本書恭作為母親一百零七歲誕辰之紀念）
二〇二三（民國一一二年）		十二月二十九日為母親往生「八周年」紀念日（農曆十一月十七日）
二〇二四（民國一一三年）		五男宗堯為母親寫的第十本專書《卿卿我母——獻給人子者52則孝母語錄》，三月正式出版（本書恭作為母親一百零八歲誕辰之紀念）

附錄二　母親創立的教育基金會

關於基金會

母親是「財團法人褚林貴教育基金會」的創辦人暨第一任董事長，本文特將基金會的成立宗旨、使命、方向、及目標，透過在基金會官網及 facebook 上之基本資料簡介如後，期能藉此拋磚引玉，呼籲更多慈善的社會人士及機構共襄盛舉，一起投入回饋社會的行列。

名稱：財團法人褚林貴教育基金會

成立時間：二〇一二年一月十八日

聯絡處：30072 新竹市東區關新路27號15樓之7

基金會概覽

本基金會成立於民國一〇一年一月十八日，由創辦人暨第一任董事長褚林貴女士以及執行長褚宗堯先生共同捐贈出資設立。

基金會成立之宗旨，主要是秉持褚林貴女士慈悲為懷、樂善好施之精神，並以「贊助家境清寒之學子努力向學」，以及提升「家庭教育」與「社會教育」之品質及水準為本基金會發展之三大主軸；此外，並以「弘揚孝道」為重要志業。

創會董事長褚林貴女士生於民國六年，家學淵源，是清末秀才的遺腹女。她的一生充滿著傳奇性，不僅出身寒門，從小失怙，而且，經歷了兩次不同家庭的養女歲月，卻從不怨天也不尤人。及長，嫁給出身地主之家的夫婿，原本家境不錯，可惜年輕的夫婿在南京及上海的兩次經商失敗之後，家道從此中落。

不久，十個子女又先後出生，沉重無比的家計負擔，長期不斷地加諸在她一個弱女子的身上，她卻能夠隨緣認命，咬緊牙關，憑著自己無以倫比的堅強毅力，以及天生的聰慧靈敏，終於振興了褚家的家運。

今天的褚家，雖非達官顯貴之家，但，至少也是個書香門第，是一門對國家及社會有一定貢獻的家族。她的孩子中有博士，有教授，有名師，有作家，有總經理，有董事長等。以褚林貴女士的那個艱困年代，以及她的貧寒出身而言，能夠單憑她的一雙手造就出如此均質的兒女出來，真的不得不佩服她教育子女的成功，以及對子女教育的重視與堅持。

當年，她膝下已兒孫滿堂，而且多數稍具成就。為此，更感念於過去生活之艱辛不易，而亟欲回饋社會。一方面，希望能夠協助需要幫助的弱勢學子，另方面，更思及家庭教育、社會教育、與孝道弘揚之重要功能，實不可忽視，因此，主動成立此教育基金會。

褚林貴女士期望能夠透過本基金會之執行，以實際行動略盡綿薄之力，並藉此拋磚引玉，呼籲更多的社會人士及機構共襄盛舉，一起投入回饋社會的行列。

簡介──使命與業務

本基金會秉持褚林貴女士慈悲為懷、樂善好施之精神，除了主動贊助家庭清寒之學子努力向學之外，並以提升家庭教育及社會教育之品質與水準，作為本基金會今後發展的三大主軸；此外，並以「弘揚孝道」為重要志業。

為此，舉凡上述相關之事務、活動的推展，包括書籍或刊物之出版、教育人才之培育及提升、以及孝道之弘揚等，皆為本基金會未來努力之方向及目標。

使命：協助提升新竹市教育品質，以及充實新竹市教育資源。

主要業務：

一、促進家庭教育與社會教育相關事務及活動之推展。
二、協助並贊助家庭教育與社會教育相關人才之培育及提升。
三、出版或贊助與家庭教育及社會教育相關之書籍或刊物。
四、設置清寒獎助學金獎勵及贊助家庭清寒學生努力向學。
五、贊助及推動與家庭教育及社會教育相關之藝文公益活動。
六、弘揚孝道及推廣母慈子孝相關藝文活動之促進。
七、其他與本會創立宗旨有關之公益性教育事務。

基本資料

許可證書號：（101）竹市教社字第一〇八號（民國一〇一年一月十八日正式許可）

核准設立號：（101）府教社字第六〇六六號（民國一〇一年一月十八日核准設立）

法院登記完成日：中華民國一〇一年二月一日

基金會類別：教育類　統一編號：31658509

基金會網址：https://www.chulinkuei.org.tw

facebook 網址：https://www.facebook.com/chulinkuei

instagram 網址：https://www.instagram.com/chulinkuei

永久榮譽董事長：褚林貴

董事長兼執行長：褚宗堯

董事兼總幹事暨聯絡人：朱淑芬

☆贊助方式

〔若蒙捐贈，請告知：捐款人姓名、地址、電話，以便開立收據〕

銀行代號：806（元大銀行——東新竹分行）

銀行帳號：00-108-2661129-16

地址：30072新竹市東區關新路27號15樓之7

電話：03-5636988　分機205——朱小姐

傳真：03-5786380

E-mail：foundation.clk@gmail.com

附錄三　作者簡介

褚宗堯

國立交通大學「管理博士」，國立台灣大學「學士」、「碩士」，國家高等考試「企業管理人員」及格。

國立交通大學管理科學系「退休教授」，華瀚文創科技「創辦人」兼「共同執行長」，安瀚科技「共同創辦人」兼「執行董事」，褚林貴教育基金會「董事長」兼「執行長」。

生活散文集

1. 一天多一點智慧	一九九九年五月	高寶國際書版集團	散文
2. 境隨心轉——悠遊人生的況味	二〇〇〇年六月	高寶國際書版集團	散文
3. 笑納人生——養生、悠閒與精進	二〇〇二年十一月	聯經出版事業公司	散文
4. 話我九五老母——花甲么兒永遠的母親	二〇一二年十一月	褚林貴教育基金會	傳記
5. 母親，慢慢來，我會等您	二〇一四年五月	褚林貴教育基金會	散文
6. 母親，請您慢慢老	二〇一六年五月	褚林貴教育基金會	散文
7. 慈母心・赤子情——念我百歲慈母	二〇一八年二月	褚林貴教育基金會	散文
8. 詩念母親——永不止息	二〇一九年二月	褚林貴教育基金會	詩詞
9. 一個人陪老母旅行——母與子的難忘之旅	二〇二〇年二月	褚林貴教育基金會	小說
10. 母與子心靈小語	二〇二一年二月	褚林貴教育基金會	散文
11. 再老，還是母親的小小孩	二〇二二年二月	褚林貴教育基金會	繪本
12. 詩書畫我母從前	二〇二三年二月	褚林貴教育基金會	詩書畫
13. 卿卿我母——獻給人子者52則孝母語錄	二〇二四年三月	褚林貴教育基金會	詩詞

專業著作

《經營觀念論集》、《企業概論》、《企業組織與管理》、《現代企業概論》、《金榜之路論集》等。

翻譯著作

《工作評價》（Job Evaluation-Douglas L. Bartley 著／林富松、褚宗堯、郭木林　合譯）

《經濟學》（Economics－Michael Bradley 著／林富松、褚宗堯　合譯）

文學獎

榮獲「第四屆海峽兩岸漂母杯文學獎」（散文組第三名）。

——得獎之作：〈再老，還是母親的小小孩〉（二〇一五年六月）

附錄四　延伸閱讀

母慈子孝系列

母慈子孝001

《話我九五老母——花甲么兒永遠的母親》

母親一生充滿著傳奇性，不僅出身寒門，從小失怙，且經歷了兩次不同家庭的養女歲月，卻從不怨天也不尤人。及長，雖嫁做貧窮地主之妻，但家道一貧如洗，十個子女先後出生，沉重無比的家計負擔，長期不斷的加諸在她一個弱女子的身上，卻能夠隨緣認命，咬緊牙關，憑著自己無以倫比的堅強毅力，以及天生的聰慧靈敏，終於振興了褚家的家運。

母慈子孝002

《母親，慢慢來，我會等您》

母親！您已年近百歲，雖然偶爾會忘了扣釦子、戴假牙。吃飯時，也會掉些飯菜、弄髒衣服；梳頭髮時，手還會不停地抖。但，請您放心！我會對您付出更多的溫柔與耐心，也願意花更多的時間，協助您慢慢的用湯匙、用筷子吃東西；幫您穿鞋子、扣釦子，推輪椅；幫您穿衣服、梳頭髮、與剪指甲。

母慈子孝003

《母親，請您慢慢老》

本書全然以「母愛」及「愛母」為主軸；字裡行間更是舖設著從小到今，我這么兒與百歲老母親之間，那種發乎至情的「孺慕之情」與「牴犢情深」。如果細細品讀，相信你也會感受到幾許母子情深的無限溫馨。

謹以此書呈獻給：我一生的導師以及永遠的母親——褚林貴女士。此書除了作為她百歲華誕的生日獻禮之外，也感謝她老人家，對我一輩子無始無邊以及無怨無悔的生我、鞠我、長我、育我、顧我、度我……，並向她老人家懇切地說聲：

「母親，我永遠愛您！也請您慢慢的老，讓我能夠孝順您更久！」

母慈子孝004

《慈母心・赤子情——念我百歲慈母》

這世上，會為自己母親一連寫下四本書的兒子，應該不多吧？而本書作者即是罕見的例子。

一位排行老九的么兒，在為他世壽百歲老母所寫的第四本書中，更是充滿著令人為之感動及讚嘆的母子情深。

書中的故事不只發生在作者身上，其實也是你的故事與心聲，只是作者幫你寫了出來。

還記得孩提時，母親對你那些點點滴滴的「舐犢情深」嗎？如果，你對母親還有一絲「孺慕之情」的話，那麼，讀了本書你定然也會感動不已！

你我的即時覺醒，就不會讓這社會任其「世風日下，人心不古，孝道黯然」。

母慈子孝005
《詩念母親——永不止息》

母親是個非常有修養的人，從小到大，她的言教與身教深深地影響著我，是我終生敬佩及景仰的上師，更是我的佛菩薩。

一個人能夠活到百歲，除了要有福份，更要身心皆得健康；其實，這很不容易也很辛苦。而我何其有幸，能與母親共處六十五載歲月，直到她高壽百歲辭世。

回想當年，我一直悲痛不捨，難以接受母親辭世的事實，因為，她老人家雖已屆百歲之年，但，她的身心依然體健英發、耳聰目明。

直到母後三年今日，我才真正覺知並感悟到，母親住世百歲的原因之一，是為了陪我走過人生無數甘苦與悲歡，並在身旁教化我、善導我學習與成長。而終究離開了我，是她認為可以放下、該放下了，要讓我自己走，走向性靈的精進與成長。

母親決是我終生無時不眷念的身影，本書我以近五十首現代詩，來發抒我對她老人家無限的緬懷之情，藉著「詩念母親」來「思念母親」——永不止息。

母慈子孝006
《一個人陪老母旅行——母與子的難忘之旅》

你曾經一個人陪老母旅行嗎？一個人哦！沒

有其他親人或朋友。

相信很少人有此經驗，而我，就如此幸運；而且，不止一次。

想想那個畫面，一對已過半百的么兒與八十五歲以上的老母親。

再想想：長大後、結婚後，你有多久沒有和母親長時間獨處了？

我必須告訴你，那種感覺既純真、自在，又舒坦。

感謝妻的體諒與支持，欣然成全我，多次讓我一人陪老母去旅行。

藉此，聊表么兒對老母孝心之一二，那是萬金所難買到的。

這些經驗與心得，我寫了下來，抒發么兒對老母永不止息的緬懷。

同時，也願與有緣及有心的讀者們一起分享。

母慈子孝007
《母與子心靈小語》

寫作過程中，對母親永不止息的思念，不斷從記憶金庫裡泉湧，讓我穿梭於時光甬道間，將我與母親倆珍貴的歲月憶往，藉由「心靈小語」為畫筆，描繪出更立體與層次感的情節及場景。

感謝佛菩薩加持，賜給我完成本書及前六本書的機緣與動力，讓我更深入瞭解我百歲仙逝慈母的德行與情操，發現，母親她比我想像中還要偉大、還要令我敬佩。

當我逐段、逐行、逐字修稿及潤稿時，在反覆細細品讀下，愈發感悟：母親對子女的「舐犢情濃」，以及子女對母親的「孺慕情深」，絕對是人間最為可貴的至愛。

這是我的故事，也是你的故事，是每個人一生中必然經歷的事，《母與子心靈小語》只想呼籲大家：行孝要「及時」更要「即時」！

母慈子孝008

《再老，還是母親的小小孩》

這本書，是我為母親寫的第八本書了。母親膝下五男五女，我是她么兒，我們母子倆是罕見的緣深情重。

母後這些年來，我除經常想念她外，也積極推廣孝道，並以母親事蹟為題材，陸續為她寫了一系列「孝母專書」。

每一本書都是我為報效母恩，並發心弘揚孝道而完成的。

民國一〇四年六月九日，我榮獲「第四屆海峽兩岸漂母杯文學獎」（散文組第三名），得獎之作是《再老，還是母親的小小孩》。

我很慶幸能在她生前，以她為題材榮獲此獎，並將獎狀及獎盃親手呈獻給她，這是我的福氣。

更欣慰的是，今天能以得獎之作為題材，為母親出版一本「繪本書」。

希望藉由圖文並茂方式，更生動表達我對已仙逝老母親，那難捨的孺慕情懷；同時緬懷母親這輩子，她予我的浩瀚母恩及舐犢濃情。

謹此提醒天下為人子女者，莫忘——再老，還是母親的小小孩！

母慈子孝009
《詩書畫我母從前》

這本書，是我為母親寫的第九本書。

我的一生並無特殊成就可言。或許，能以母親事蹟為題材，寫了這些「孝母專書」，算是我最感榮幸的事。

本書的內涵包含了詩、書、畫等三個素材，相信它應該有別於我前幾本書的風格。

我的每一本「孝母專書」的宗旨不外乎：做為慈母的么兒甚感榮幸，並極為珍惜與盡心把握，和母親在世時共處的寶貴時光；而母後，更是永不止息地緬懷慈母的身影。

平凡百姓的我，出版一系列「孝母專書」之目的，既不為名也不為利，只想將這些留傳給子孫，及有緣的讀者們。

願與大家分享多年來我孝順母親的作法與心得，更期盼有更多人來共襄盛舉，一起為弘揚孝道盡份心力！

最後，再次呼籲大家：行孝要「及時」更要「即時」！

國家圖書館出版品預行編目

卿卿我母：獻給人子者52則孝母語錄 / 褚宗堯著. -- 新竹市：財團法人褚林貴教育基金會，2024.03
面；　公分. -- (母慈子孝；10)
ISBN 978-986-88653-9-6(平裝)

1.CST：孝悌

193.3　　113002705

母慈子孝010

卿卿我母

──獻給人子者52則孝母語錄

作　　者／褚宗堯
出　　版／財團法人褚林貴教育基金會
30072新竹市東區關新路27號15樓之7
電話：+886-3-5636988
傳真：+886-3-5786380
製作銷售／秀威資訊科技股份有限公司
114 台北市內湖區瑞光路76巷69號2樓
電話：+886-2-2796-3638
傳真：+886-2-2796-1377
網路訂購／秀威書店：https://store.showwe.tw
博客來網路書店：https://www.books.com.tw
三民網路書店：https://www.m.sanmin.com.tw
讀冊生活：https://www.taaze.tw

出版日期／2024年3月
定　　價／360元